LA ROSE MOROSE

Recueil de Poèmes

Joan AMBU

Conception de Couverture Copyright © 2011 Joan Ambu
Photo Copyright © 2011 Joan Ambu

ISBN: 0-9836996-0-7
ISBN-13: 978-0-9836996-0-6

Library of Congress Control Number: 2011910488

Imprimé aux États-Unis par CreateSpace
North Charleston, South Carolina

Préface

Tout est à signaler au bout des pétales de roses

Le royaume nôtre se nimbe du roucoulement de nos doux désirs
Au crépuscule comme au levé du jour,
Rayonnante ou morose mais jamais atroce,
Le doux chant de nos cœurs se féminisant
Pour laisser naître notre humanité
Ton regard enfanteur nourrit le calao et le rouge-gorge

Il scrute le cœur de l'enfant
Contemple la nature,
Toise les mers, la forêt perd sa virginité
Les ruisseaux dans une course effrénée battent le grand tambour
aquatique
Les jeunes vierges aux seins fermes s'exhibent
A ton regard créateur, la vision résiste à la tempête
Aurore comme crépuscule

Douce caresse d'Eros, tu titilles Cupidon
Par la seule magie du verbe fait verge
Tu fais lyrique nos sens
Chacun t'accueille au coucher comme au réveil,
Oui nos mots, tu éveilles
Voila pourquoi je t'annonce
AMBU

Fille des montagnes qui nait inlassablement du « désert »
Parce que de ta pénéplaine jailli en sailli
Vie,
Amour,
Départ,
Retrouvailles.

Rayes pour nous la haine,
Rayes pour nous les barreaux de nos prisons,
De la pointe armée naît la douce fleur des mangroves

Rose rose,
Rose vie,
Rose bourgeon
Sculptée dans l'esprit de l'homme
Afin que naisse l'humanité Une

Que l'amour jaillisse enfin de tes yeux fermés
Parce que la Justice a de tout temps écouté aux portes de la
Liberté

*Vincent-Sosthène FOUDA-ESSOMBA, Membre de la Société de
Poésie du Québec - Canada*

Table Des Matières

L'Univers & Moi.

'Mon Cœur appartient à mon Continent. Je suis Africaine.' — Joan AMBU

.

Mon Dieu

Lorsque le soleil se lève,
De même mon âme s'élève,
Regarde vers les cieux,
Et parle à son Dieu.

Je Suis Morose

Je suis morose,
Je ne vois plus les choses en rose,
Quelle est la cause de la chose ?
Cette question, je me la pose.
Voici déjà deux semaines et deux jours,
Que mon cœur connaît l'horreur de l'amour,
Et parce qu'il bat avec bravoure,
Je t'aimerai toujours.

Nous avons connu la tendresse,
Dommage, nous manquons de caresses.
Aujourd'hui, je m'empiffre de compresses,
Bref, je fais connaissance avec l'ivresse.
À présent, il y'a un creux dans mon cœur,
Les enfants chanteront t'ils en chœur,
Pour l'annonce de mon heure ?
Où est passé ce bonheur ?
Tu as laissé la sècheresse détruire nos fleurs.

Je t'ai aimé avec passion,
Sans jamais de trahison,
Aujourd'hui, tu t'éloignes de moi,
Alors que j'ai besoin de toi.

Emmène mon âme,
Emmène mes larmes…

N'Importe Quoi !

Dis-moi, mon ami (e),
Pourquoi tant d'injustice dans le Monde,
Pourquoi cette ségrégation raciale et tribale,
Pourquoi ces choix discriminants ?
Vit-on pour les autres ou pour soi-même ?
Seul l'amour apporte la paix,
Pourquoi ne pas s'unir afin de reconcilier nos peuples ?
Dieu n'avait rien fait au hasard.

Ce n'est pas parce que tu n'es pas de ma religion,
Ou de ma province,
Que je ne te tendrai pas ma main,
Ce n'est pas parce qu'on adore différents dieux,
Ou parce que tu n'as pas la même couleur que moi,
Que je ne t'appellerai pas mon Frère,
Ce n'est pas parce que nous ne sommes pas de la même classe
sociale,
Qu'on ne deviendra pas ami(e)s.

Dis-moi mon ami (e),
Qu'avons nous fait de mal,
Sinon que de s'aimer ?
Pourquoi veulent-ils nous séparer ?
Qu'est ce qu'ils en gagneront,
Qu'est ce qu'ils en perdront,
De notre relation ?

Nous seuls ressentons ce qu'on ressent l'un pour l'autre,
Nous sommes les seuls à pouvoir prendre nos décisions.
Rien, ni personne,
Ne peut nous influencer.
Croyons en Dieu,
Soumettons-lui nos inquiétudes et peurs,
Car il est le Dieu de l'amour,
Le Dieu de la Fraternité,
Le Dieu de l'union sincère et éternelle.
Il nous comprend mieux que quiconque,
Il nous aidera à garder la tête haute.

Comme Une Ombre

Comme une ombre,
Lorsque tu crois que tes peines empirent,
Comme une ombre,
Tu évites les déceptions, les chagrins,
Tu cherches le contact de la lumière.
Comme une ombre,
Tu regardes sans voir,
Tu écoutes sans comprendre,
Tu pleures sans verser de larme,
Tu parles sans dire,
Tu dors sans fermer les yeux.
Comme une ombre,
Tu as besoin de parler à quelqu'un,
De raconter ta vie,
D'essayer d'oublier ton passé, et te faire une raison.
Comme une ombre,
Tu rêves d'un monde meilleur,
Où les âmes se confondent

Pour Eux

Pour eux, je suis une erreur,
Je ne devrais pas exister en cette heure.
Pour eux, je sonne faux,
Je suis un défaut
Je ne devrais pas être en ce lieu,
Je ne devrais pas me retrouver dans leur milieu.

Pour eux, je suis l'orage,
Je suis le plus grand mensonge.
Pour eux, je suis le néant,
Mon être doit flotter dans l'océan.
Je suis une bévue :
Vont t'ils me priver de la vue ?

Je suis une prière,
Dans ce corps, dans cette chaumière,
Je suis vieux jeu, j'aime la lumière,
Et je vis à ma manière.

Je suis née dans la solitude,
Ainsi, je monterai en altitude.
Je suis ce qui n'a jamais existé,
Je vis afin que cette chose puisse exister.

Qui est l'Homme mon Père ?
Combien en reste-t-il mon Père ?
Je n'en connais qu'un,
Celui qui est près de moi,
Celui qui est là, quand j'ai besoin de toi.
De sentiments ? Je n'en ai aucun !

Toi seul Seigneur, sais ce que l'Homme a fait de ce corps,
Et toi seul, sait ce qu'il fera encore.
Toi seul, sait que je suis sur le droit chemin,
Et que je n'ai besoin que de ta main.
Tu sais que ma vie, n'est pas rose,
Tu sais, que je lutte pour une bonne cause.

Même si pour eux ...

Les Gens

Les gens te détestent,
Parce que tu te respectes.
Les gens ne te comprennent pas,
Parce qu'ils ne te connaissent pas.
Même si les gens te trompent,
Leurs paroles s'estompent.
Ceux la même qui t'approchent,
Ne sont pas forcément tes proches ;
Même s'ils te reprochent des fois,
D'avoir en toi la foi.

Les gens sont hypocrites,
Parce qu'ils croient vivre dans un mythe.
Nul n'a besoin de pitié,
Et autant que la demi-lune a besoin de sa moitié,
Nous avons tous besoin d'amitié,
Qui ne nous sera jamais ôtée.

Les gens détestent ton silence,
Parce que tu es un homme de confiance.
Les gens qui ont besoin d'avoirs,
Seront surpris par des aurevoirs.
Les gens ont peur de toi,
Parce qu'ils savent ce que tu as en toi.

Mais le peu d'Hommes qui existent,
Sont ceux-là qui t'assistent,
Ceux-là qui t'aiment,
Qui t'aiment avec tant d'M

Trop Fragile

Ils te disent ce qu'on ne dit pas,
Ils t'entrainent vers le bas,
Ils te traitent de tous les noms,
Face à tes demandes, ils te disent « non ! »
Ils ne disent de toi que du mal,
Ils croient que t'as un amoureux mâle,
Ils veulent contrôler ta vie,
Ils veulent transformer ta vie.
Et comme t'en as marre,
Tu aimerais ôter la barre.

Ton insensibilité face à leurs paroles,
Leur laisse croire que tu-es frivole,
Devant ta persistance,
Et ta resistance,
Ils ont l'impression que t'es débile.

Alors qu'au fond : t'es trop fragile.
Trop fragile comme humaine,
Beaucoup trop en semaine.

Une Larme

Tout change,
Tout change à l'âge du miracle.
À cet âge,
On ira jusqu'à croire aux oracles,
À cause d'une question,
Qui reste sans réponse.

On se sent étrange,
On se culpabilise,
Au point d'écrire sur des pages,
L'Histoire d'une erreur commise.
À cause d'une question,
Qui reste sans réponse.

On est déprimé,
On n'arrive pas à s'exprimer.
Pour un rien, on s'excuse,
Pour un rien, on s'accuse.
À cause d'une question,
Qui reste sans réponse.

Signe D'Adieu

Après quelques jours de bonheur,
La veille d'une nuit de douleur,
J'ai compris que dès le lendemain,
Jamais plus je ne tiendrai ta main :
Était-ce un signe d'adieu ?

Le 11.11.1997, comme par malheur, je n'ai pas senti le vent,
C'était le jour suivant,
Le temps était beau,
Mais en moi, tout sonnait faux :
Était-ce un signe d'adieu ?

Comme par hazard,
Mes mains s'étaient croisées,
Franchement, c'était bizarre,
Un peu comme si mon cœur s'était brisé :
Était-ce un signe d'adieu ?

C'était la traversée du soleil,
Pour toi, et surtout pour moi.
Avions-nous eu une raison de la faire,
Je me demandais «à quoi ça sert ?» :
Était-ce un signe d'adieu ?

Ton absence, mon indifférence,
Se balancent entre l'amour et le désespoir.
Dans mon cœur, c'est le champ d'espoir,
Mes larmes donneront-elles place à l'espérance ?
Ou est-ce un signe d'adieu ?

Ma Prière

J'ai souffert la nuit dernière,
J'ai souffert à ma manière.
Ce n'était qu'horreur,
Mais pas ma dernière heure,
Les larmes brûlaient ma peau,
Et je n'avais pas de repos.

Je voulais seulement te voir,
Du moins, entendre ton aurevoir.
Je voulais tenir tes mains,
Pour croire en un nouveau demain.
J'avais besoin de ton regard,
Pour compenser mon retard :
C'était ça, ma prière.

Hélas, y'avait rien de cela,
Et je me revoyais là-bas,
Mon être dans le vide,
Sur une terre acide.

Paupière mi-clos,
Je l'ai rouvert,
Comme j'avais ouvert cet enclos,
Que j'avais découvert

Fallait que je me réveille,
Fallait que je voie le soleil.
C'était un devoir,
Afin de t'avoir,
Juste le temps d'un soir :
C'était ça, ma prière.

Bats Toi

Bouge, oh cœur de larmes,
Bouge et laisse passer ce fleuve de marbre,
Qui empêche ton tam-tam de se faire battre.

Bats-toi, oh sable mouvant,
Contre les ombres de minuit
Bats-toi pour Zeus et pour Aphrodite,
Qui tombent sur tes Terres arides.

Respire, oh fleur fanée,
Ici mal a épousé enfer,
Respire pour la rose blanche.

Rayonne, oh âme perdue,
La nuit t'a presque méconnue,
Rayonne et laisse nous t'approcher.

Bouge, oh cœur de larmes,
Blanc n'a pas d'épines en lui,
Bouge pour la rose blanche,
Bats-toi pour Zeus et Aphrodite.

Pardon

Ça saigne dans mon cœur,
Comme ça saigne dans un champ de guerre.
Une larme a traversé mon âme,
Quand j'ai dis « tout es fini »,
Une larme qui ne sèchera jamais,
Parce que tu-es parti.
Cette romance qui naquit autrefois,
N'existera plus dorénavant ?
Parce que dans mon cœur, existe une flamme.

Aimer c'est pardonner,
C'est prendre sans haine le repas !
Je n'aurai pas dû te dire cela,
Et nous n'en serions pas arriver là.
Bien sûr, il faut du temps,
Pour être certain que je t'M tant
Pour l'instant, je te demande pardon,
Pour t'avoir fait de la peine.

Ton Humeur

Tu disais que tu voulais mourir,
Tu disais que tout devait finir,
T'avais marre de la vie,
T'avais marre de ta vie.

À cause de ces sales histoires,
Tu ne voulais plus qu'on t'aime,
Tu pleurais pour ce qui ne valait pas la peine,
Tu t'étais construite un Monde de haine.

Par la faute de ton humeur,
T'attendais des fleurs,
T'avais vu des horreurs,
Et t'avais peur.

Aujourd'hui t'as pitié,
De ces êtres qui vivent à moitié.
À présent t'as changé,
Et ceux qui t'aiment de même, ont changé.

Tu sais que des gens t'envient,
Qu'ils veulent te gâcher la vie,
Mais la vérité c'est qu'ils ne valent pas la peine.

C'est Quoi L'Amour?

Qu'est ce que l'amour ?
Est-ce un cœur qui bat,
Ou une âme qui,
Jour et nuit, réclame son double,
Pour lui dire dans leur sommeil,
Tout ce qu'ils ne peuvent se dire dans leur éveil ?

Hier, j'aimais sans comprendre,
Aujourd'hui cette sensation qui,
M'était si chère, est devenue amère.
Parce que ma folie est plus proche de ma grande raison,
Je me suis construite un Monde à moi,
Dans un lieu où seuls mes rêves m'apaisent et me comprennent.
Sur Terre ce qui gène l'Homme,
C'est d'aimer et être aimé pour la vie,
D'autres croient que vivre l'amour,
C'est lutter contre la mort ;
Affirmation plus ou moins vraie.

Je Me Demande!

Je me demande des fois pourquoi je pleure au lieu de rire ?
Pourquoi je m'énerve au lieu de sourire ?
Pourquoi je m'affaiblis au lieu de me fortifier ?
Pourquoi je voudrais tout laisser au seuil de la porte ?

Toutes ces questions restent sans réponses,
Parce qu'elles ne valent pas la peine d'être posées.
Ce que je me demande,
Et ce que les autres pensent de moi,
N'ont aucune importance et ne doivent pas l'avoir.
Seul ce que je dis, je fais et je préfère ont une grande valeur.
Si déjà, je sais ce que je fais,
Où je vais,
Je n'ai plus rien à me demander.

Solitude

Solitude ma première copine,
Solitude, pourquoi cette combine ?
Je t'ai laissé pour apprendre plus de ce Monde,
Je t'ai quitté, mais toujours, tu me sondes.
Est ce gentil d'abandonner une copine,
Qui, jadis a pris soin d'une gamine ?

De l'autre côté, j'ai vu des horreurs,
Suscitées par des humains,
Qui ne s'inquiètent pas du lendemain.
Je ne regrette rien,
Puisque je vais bien.
Je ne suis pas totalement autonome,
Et ma vie n'est plus monotone.

Je ne suis pas si seule,
Même si j'ai des maux.
Je ne suis pas si seule,
Puisqu'il y a des gens qui m'aiment.

Si l'amour fait des merveilles,
La solitude fera pareil
Et pourquoi pas ?

Parler à Quelqu'un

Ce soir j'ai mal,
Mon cœur bat de douleur,
J'ai la gorge enflammée,
Va t'il pleuvoir ou pas ?
J'espère bien,
Car j'en ai besoin.
Je n'arrive plus à m'exprimer librement,
Tellement j'ai de la peine dans mon fort intérieur.
Je n'ai que 1 7 ans et j'aimerai vivre pour voir mes 1 8 ans.

La vie est belle,
Maintenant que j'en suis consciente,
Je ne veux pas la quitter.
J'ai besoin de parler à quelqu'un,
J'aimerais entendre des mots consolateurs,
Je voudrais savoir pourquoi je me sens si seule et si mal !
Pourquoi seule dans cette vie ?
Pourquoi si seule dans cette ville ?
J'ai peur comme jamais je n'ai eu peur,
J'ai peur jusque dans mon cœur.
J'aimerai parler à quelqu'un…

Francis est à Douala,
Comment va-t-il ?
Je n'en sais rien !
J'ai besoin de lui en ce lieu, cette heure,
Où est celui qui m'a toujours dit de croire en moi ?
Je n'ai plus personne à qui me confier,
Et j'ai peur de devenir folle.

Je me sens si mal et si seule,
Au point de vouloir en finir avec l'agitation absurde de l'existence.
J'ai peur de fermer les yeux,
Et de ne plus pouvoir les ouvrir,
Mais il faut que je tienne le coup,
Que j'arrive jusqu'au bout,
Même si pour l'instant, je ne peux pas en parler à quelqu'un
d'autre.
Car les autres ne me comprennent pas.
J'ai tellement peur,
Surtout qu'il n'est pas là, Francis.

Mon Temps

Mon temps,
N'a ni fleurs, ni pleurs,
Y'a pas d'heure,
Mais maintes horreurs,
Dans lesquelles,
La vie s'associe au sang
Où le méchant possède tous les vents,
Et de cela, ne reste plus que des séquelles.

On a besoin des gens comme toi,
Pour penser à demain,
J'ai besoin d'un autre moi,
Pour me tenir la main.

Ici, ce n'est pas la vie,
Mais la mort dans un corps humain.
Ici, on est ravi,
Lorsqu'on retrouve son chemin.
Ici, on court tout le temps,
Sans jamais utiliser ce temps à tant.
Ici, c'est le néant

Sait-elle?

La vie sait t'elle qu'elle cause du tort,
À une âme qui dort ?
Pourquoi n'attend t'elle pas son rapport,
Avant de s'abattre aussi fort ?
La vie sait t'elle qu'un renfort,
Peut changer son sort ?

Qui sait pour nos rêves de minuit,
Ces songes au milieu de la nuit ?
Pourquoi cette solitude humaine,
Cette impression soudaine ?
Ce coeur honnête qui bat,
Ne manquera aucun combat,
Car s'il y'a vie, il y'a espoir,
Et moi, j'espère en la gloire.

La vie sait t'elle pour demain,
S'il y'aura toujours du pain ?
L'ami restera t'il ami,
Ou deviendra-t-il pire ennemi ?

La vie sait t'elle pour demain?

Pourquoi?

On dit que t'es gauche, que t'es l'envers,
Que tu dois rester dans ton univers.
On dit que t'es bizarre,
Que t'aimes trop les beaux arts.
Est ce ta faute si t'es polie ?
T'es tu souillée pour être jolie ?

Les gens sont terribles,
Ils ont des comportements horribles,
Ils n'ont pas de croyance,
Pour eux, tout est souffrance.
Ils te laissent crever,
Parce qu'ils ont envie de rêver.
Quand tu t'accroches,
D'autres te font des reproches.

Pourquoi ?
À quoi ça sert,
De crier tout le temps dans le désert ?
L'Homme n'a t'il plus de mémoire ?
Pourquoi ne veut t'il plus y coire ?
Pourquoi ?

Tu Peux M'entendre

L'esprit qui vague,
La personne qui divague,
Dans cette vie sans couleurs,
Ce Monde de pâleur,
Où l'Homme lutte pour vivre,
Et vit en étant ivre.

Tout est sale,
Dans cette vaste salle,
Ici, tous sont sots,
Dans ces états vassaux.

Je cris, je cours,
Je me morfonds dans ma tour.

Que Faut-il?

Tu te lèves comme pour t'en aller,
Mais quelque chose te retient,
Et tu demeures là, comme une pierre,
Devant moi, sans rien dire.
Tu ne peux ni avancer, ni reculer,
Je n'attends plus tes battements de cœur,
Aucun mouvement,
Mais par tes larmes,
Je sais que t'es encore en vie.

Que faut-il pour t'animer,
Un baiser, un sourire, un câlin ?
Te dire des choses qui ne se disent pas avec des mots,
Te montrer ce qui ne se voit pas sur photos,
Être toujours à tes côtés,
Te faire la plus belle des promesses ?

Que faut-il faire pour t'animer ?

Si J'étais

Si j'étais télépate,
Je t'enverrai les plus beaux messages.
Si j'étais déesse,
Je te donnerai tous les pouvoirs du Monde.
Si j'étais fleuriste,
Je t'offrirai mes plus belles roses.
Si j'étais un oracle,
Je prédirai ton avenir.

Si j'étais riche,
Je construirai un Monde pour nous,
Si j'étais en vacance,
Je t'enverrai un billet d'avion.
Si j'étais romancière,
Je publierai des articles sur nous.

Si j'étais près de toi,
Je t'aurais aimé jusqu'à oublier qui je suis vraiment.
Malheureusement, je ne suis qu'une amoureuse,
Et je ne peux que souhaiter le meilleur pour nous deux.

Les Rêves

J'ai l'air présent,
Alors que mon âme est absente,
Elle se sépare de la douleur,
Afin de voir la beauté des couleurs,
Fuyant ainsi la haine fraternelle,
Pour se construire un Monde à elle.

Très souvent, je me retrouve,
Dans un Monde imaginaire,
Où, les arbres n'ont pas de sève,
Où, rien ne sort de l'ordinaire.
Debout, je regarde la grande toile,
Que forme l'ensemble des étoiles.

Là-bas, je suis loin des cauchemars,
Jamais je ne cris « j'en ai marre »,
Je passe mes journées à admirer le couché du soleil,
Chose qui sur Terre, n'était pas pareil.
Je pleure en regardant l'heure,
Je pleure en pensant au bonheur,
Parce que là-bas, y'a pas de virtuel,
Tout est symbiose spirituelle.

Si toute ta vie devient une prière,
Dans un cœur,
Dans une chaumière,
En toute heure.

Si elle est le point d'attraction de tous les regards,
L'épicentre des retards,
Saches qu'un Monde en paix,
La rendra toujours gaie.

À Court D'idées

Je t'aime,
Comme tu peux dire que tu m'aimes.
Certes c'est bien facile à prononcer,
Facile parce que je pourrai y renoncer.
C'est trop simple,
Oui, trop simple.

Ce qu'il faut,
Se sont des mots sans défauts,
Des mots matures,
Et non seulement ceux de la nature.

Ce que je veux,
C'est pouvoir m'exprimer un peu,
Dire le plus important,
Et le dire maintenant.
Mais hélas, c'est impossible,
Je suis inconsolable,
Je ne trouve pas des mots,
Parce que je suis à court d'idées.

Je Saurai Quoi Dire

Si tu me demandes mon nom,
Je te le dirai.
Si tu me demandes qui je suis,
Tu ne recevras aucune réponse.
Si tu me demandes de quoi mes rêves ont l'air,
Je ne saurai te l'expliquer.
Si tu me demandes à quoi mon Monde ressemble,
Je ne saurai te le décrire.
Si tu me demandes comment je me sens,
Je ne trouverai pas de mots.
Si tu me demandes pourquoi je suis insensible,
Je resterai de marbre.

Mais si tu me touches,
Si tu me touches avec tes mains d'ange,
Si tu me regardes,
Si tu poses ton regard sur moi,
Je saurai quoi dire ...

Un Appel au Secours

Cri de guerre,
Cri de révolte,
D'un cœur muet,
D'une âme meurtrie.
Cri sourd,
Cri étouffé,
Par tant d'injustice,
Qui anime la vie.
Cri d'angoisse,
De détresse,
Un appel au secours,
Afin de sauver les pauvres du mépris,
De l'Homme aveuglé par l'argent,
Et vivant sans âme.

Cri de désespoir,
D'un espoir gâché,
Par tant de larmes,
Par tant d'abus :
Un appel au secours,
Afin de sauver les malheureux ...

J'ai Peur

Je perds la notion de croyance,
Le goût de la vie,
Je perds ma mémoire,
Les dates de mes souvenirs.
Tout m'échappe,
Même l'espoir de notre romance,
Et j'ai peur.

J'ai peur,
Non pas que tu me quittes,
Mais de la folie,
Qui peu à peu, m'habite,
Car ma vie,
Est en train de se dissiper.
Ma parole est semblable,
À l'ombre de minuit,
Et la seule chose qui vit en moi,
C'est mon âme.

J'ai peur, pour ma foi,
Cela m'importe peu,
Si mon cœur agonise,
Si mon corps est insensible.
Mais pour mon ailleurs,
Pour mes cris sourds,
Pour mes matins sombres,
J'ai très peu.

Partir

Quand la cloche de minuit sonnera,
Pour annoncer mon départ,
Quand elle sonnera encore,
Pour la dernière fois,
Je m'en irai :
Au delà des nuages,
Où la vie est née.
Je m'en irai,
Pour de nouveaux bonjours.

Quand l'ange descendra,
Pour faire mes bagages,
Quand il re-descendra,
Pour effacer mes traces,
Je m'en irai :
Pour entrer dans la vie,
Nouvelle et éternelle,
Pour être près de toi,
Avec le seul amour,
D'être libre.

L'Ère

L'ère du temps,
Est sans fin pourtant…
Pour ceux qui sont suicidaires
Et ne savent pas quoi faire.

L'ère présente,
Est si inclassable,
Que son accent,
Devient inexplicable.
Ici comme ailleurs,
Partout on est meilleur,
Du moment qu'on sent,
Ce qu'un être indélébile ressent.

L'ère future,
Sera t'elle mature ?
Dans ce sens que l'Homme,
Sera t'il prêt à affronter ses lendemains,
Sans peur, ni crainte ?
Dans l'espoir d'aider à maintes reprises.
Existera-t-il la même envie qu'hier ?
Sera t'il toujours fier,
De l'être aimé,
Qu'il avait jadis aimé ?

L'ère future,
Sera t'elle un espoir,
Pour ceux qui perdent leur mémoire ?
Aimeront-ils la nature ?

Ainsi Va La Vie

Ainsi, je voyais mon temps partir en l'air,
J'observais s'écouler cette ère,
Moi femme de bel air,
Ainsi j'erre.

Il existait une contradiction,
Entre modernité et tradition.
La différence était énorme,
Du fait de la désobéissance des normes.

Ma personne reconnue,
Mon origine inconnue,
Mes pensées mises à nues,
Je n'attends plus que sa venue.

Une si belle vue,
Au dessus de cette rue,
M'avait t'il vu,
Près de son avenue,
Et m'avait t'il reconnu ?

Une Dernière Fois

Ce soir, je ne peux m'endormir,
J'ai juste envie de vomir,
Étaler ma douleur,
Voir passer les heures.

Tu m'as laissé en pleurs,
Tu m'as laissé dans cette douleur,
Sans défense,
Tu ne m'as pas laissé de chance.

Mes pensées du moment,
Sont mes overdoses,
Je souffre bien évidemment,
Et j'accepte la chose.

N'avoir besoin de rien,
Vouloir faire du bien,
Être avec le sien,
Celui qui est mien,
Sont mes seules préoccupations.
Être là, devant toi,
T'avoir près de moi :
Que demander encore,
Que de t'avoir près de mon corps ?

Solitude [2]

Je ressens un vif besoin de solitude,
Car j'ai perdu toutes mes habitudes.
Ciel pourrai-je monter en altitude ?
C'en est trop avec ses attitudes.

Je rêve d'un honnête et glorieux avenir,
J'aimerai bien si haut le dire.
D'abord, je souhaite repartir,
Ma souffrance va t'elle un jour finir ?

Je suis sage,
Oui, comme une image,
Ils me prennent tous pour un mirage,
Et cela est bien dommage.
Ils oublient que sur la plage,
Il y'a un oiseau en cage,
Et sur son visage,
Dansent des anges.

Ai-je encore sur ma vie un pouvoir ?
J'aimerai bien le savoir.
Parce que pour réussir, il faut le vouloir,
Et cette réussite, j'espère l'avoir !

Ça Saigne

Jusqu'au tréfonds de mon être,
L'amour m'a aveuglé,
J'ai longtemps cherché ce qui n'existe pas,
Et je cherche encore cette chose,
Cette personne.
Ce que je ne comprends pas,
C'est cette peur qui m'empêche de vivre,
Et cette haine,
Qui prend possession de moi.

J'ai du mal à m'aider,
J'ai besoin des autres,
J'ai besoin de toi.
Ni toi, ni moi,
Ni les autres,
Ne pouvez m'aider,
Et je suis là,
Comme seule au Monde,
Sans personne,
Et ça saigne dans mon cœur.

Aveugle

Ce que j'ai appris de la vie,
C'est qu'elle n'est pas facile à vivre,
On croit être sage,
Mais on se trompe tout le temps,
On croit avoir trouvé,
Jamais on n'est sur la piste.
On croit être arrivé,
Jamais on n'atteindra le sommet,
Jamais on ne verra la lumière.

Parce qu'on est aveuglé par le néant,
Notre chaire et notr' Esprit luttent tout le temps,
Et on donne raison à la chaire,
Mais quel péché ?

Vouloir satisfaire ses besoins,
Oublié qu'on a un prochain,
Fermer les yeux devant tout ce qui peut nous porter chance,
S'ouvrir totalement devant le néant,
Où est donc l'Homme ?

Dire Pour Dire

Tout le monde a à dire …
Souvent, dire pour dire,
Dire sans rien dire,
Sourire pour rire,
Rire sans sourire,
Avoir sans pouvoir,
Croire sans voir.

Aimant aurevoir,
Sans jamais dire bonsoir,
Être sans rester,
Paraître sans demeurer,
Sembler pour devenir,
Et devenir sans avenir.

Tout le monde a à dire,
Dire pour dire,
Dire sans rien dire.

Ce Que Je Suis

Ce que je suis,
C'est une fille seule,
Perdue dans un désert,
Loin de son Monde à elle.
Ce que je suis,
C'est la solitude,
Celle qui comprend sans effort,
Celle qui aime totalement,
Sans distinction,
Sans discrimination.
Ce que je suis,
C'est l'Amour Éternel,
Celle que le Monde connaîtra après son départ,

Ce que je suis ?
Rien d'autre que ce qu'il a voulu que je sois :
Moi !
Tout simplement.

Ton Toi

Ce que tu ne vois pas,
C'est ce qui est,
Et qui seras toujours.
C'est ton toi, qui n'es pas toi,
Ton toi, qui peux devenir toi, si tu restes toi.

Ce que tu ne vois pas avec tes yeux,
Tu peux voir avec ton coeur,
Parce que tes yeux riment avec virtuel,
Et ton coeur avec réel.
Ce que tu ne touches pas avec tes mains,
Tu peux toucher avec ton âme.

Tu-as toujours su ce que tu ne sauras jamais,
Tu ne le sais peut-être pas,
Mais ton toi, qui n'es pas toi,
Peut devenir toi,
Si tu restes toi.

La Vie Demeure

Je ne suis plus que chanson,
Dans ce corps de passion,
Je ne suis plus que raison,
Dans ce coeur de passion.
Mes yeux ne voient plus,
Ce que le Monde voit en plus.

Je sors de ton Univers,
Pour retourner dans mon Univers,
Et toujours, j'utilise des vers,
Pour démontrer cet envers.
La cause de la chose,
Est une question que je me pose,
Les choses deviennent roses,
Et la vie reste morose.

Un débat clos,
Un vaste enclos,
Tout ce qu'on espère de chaud,
Aussi chaud que la chaux.
Tout se réfugie comme une chanson,
Dans ce corps de passion.

Une Vie Déboussolée

Il est 9 heures et 56 minutes,
Cela n'a duré qu'une minute,
On s'est tout dit,
On s'est rien dit,
Mais dans ses yeux, la haine,
Dans les miens, la peine,
D'un coeur désolé,
D'une vie déboussolée.
L'amour n'est pas qu'injuste,
Elle voit juste,
C'est son domaine,
De blesser même en semaine.

Mais, ne pas être fort,
C'est être un Homme mort,
Embellir mon sort,
C'est nier que je dors,
Alors j'écrase,
Avec persistance.

Oh, Solitude !

J'aimerai refaire ma vie,
Repartir à zéro,
Pour ne plus repenser à hier,
Je souhaite voir clair,
Et pouvoir m'identifier,
Comme autre fois.

Je parle de moi,
Parce que j'aimerai qu'après moi,
Mon moi demeure.
Je parlerai de moi,
Comme autre fois.

« Le regard des autres ne me chosifie pas »,
Il m'écoeure !
Me répugne,
Oh, Solitude,
Sois mienne,
Comme autre fois.

Mon Histoire

J'aimerai raconter,
L'histoire qui s'est passée,
Avant son temps,
Mais la période,
Me laisse sans idées.
J'aimerai raconter mon histoire,
Qui est une suite de douleur,
Une vie de pleure,
Un semblant de bonheur,
Une vie de peur.

Mon histoire à moi,
Est une histoire à toi,
Mais elle ne t'appartient pas,
Parce que je la vie toute seule,
Dans cet enfer qu'est mon corps,
Toi, tu regardes sans voir,
Tu parles sans dire :
Autant me laisser seule,
Autant t'éloigner.

Il Existe Un Dieu

Tout le temps je pleure,
Mais la larme d'aujourd'hui,
Est spéciale,
Je ne peux que la laisser couler,
L'empêcher de sécher.
J'aimerai qu'elle me fasse tant mal,
Je ne mérite pas mieux.

Je cherche l'Homme,
Il n'existe pas,
Mais j'ai espoir,
Bien que je n'y crois plus.

Je hais le jour,
Je hais la nuit,
Je hais le sort,
Je hais la mort,
Je hais ma vie,
Je hais la vie.
Je suis seule.

Rien que le néant et moi,
Et j'ai très mal,
De l'incompréhension des autres.
C'est ça mon fardeau,
Je la porterai ma croix,
Je pleurerai encore s'il le faut.

Ma douleur, est pire que celle du Monde,
Ma douleur m'appartient,
Et je la garde jalousément
Qu'elle me fasse tant souffrir,
Je ne mérite pas mieux,
Mais je me souviens des cieux,
Qu'il existe un Dieu,
Pour se souvenir de moi.

Tu Ne Sauras Jamais

Si tu étais Dieu,
Tu aurais changé ma vie,
Si tu étais le Christ,
Tu aurais apaisé ma douleur,
Si tu étais mon frère,
Tu aurais su de quoi j'ai peur,
Si tu étais au près de moi,
Tu aurais partagé ma souffrance,
Si tu étais à l'écoute,
Tu aurais compris.

Mais tu n'es que toi,
Et tu-es loin de moi.
Jamais tu ne sauras ce que j'endure,
Jamais je ne te dirai ce que je ressens,
Tu ne sauras jamais,
Pourquoi je pleure,
Et pourquoi je me renferme.
Tu ne sauras jamais,
Pourquoi c'est ainsi.

Ceux D'Ici

On dit que l'école,
C'est notre deuxième maison,
On dit qu' « on n'a toujours besoin d'un plus petit que soi »,
On dit que l'amitié est précieuse,
Je l'admets.
Mais quelle école,
Quelle amitié ?
Les gens sont devenus indignes.

Pour ceux d'ici,
La vie n'est qu'intérêt,
L'abus d'autrui,
La mauvaise foi.

Ceux d'ici,
Ne méritent pas mon amitié.

Nouvel An 1999

Une nouvelle année,
Est comme un nouveau né,
Qui sort d'un passé,
Pour entrer dans un présent,
Et décide de vivre,
Non plus comme une personne ivre,
Mais comme quelqu'un de raisonnable,
Un être responsable,
Don't l'inconscience,
Ne domine pas la conscience.

Une nouvelle année,
Est une renaissance,
Un nouveau départ,
Une promesse à tenir,
Un rêve à réaliser.

Une nouvelle année,
N'est pas uniquement le choix des cadeaux,
C'est aussi penser en cadeaux,
Pouvoir changer sa vie,
Laisser son passé derrière,
Et faire preuve de maturité.

Auparavant, Hier, Aujourd'hui, Demain

Auparavant,
J'étais une gamine,
Il ne suffisait que des pleurs,
Pour que Maman vienne,
Et à une certaine heure,
Il fallait qu'elle me tienne.

Hier,
J'étais une adolescente,
Toujours présente,
Je découvrais mon corps,
Devant des décisions,
J'étais toujours d'accord,
Et toujours contre les divisions.

Aujourd'hui,
Je suis une petite femme,
Au coeur tout en flamme,
Je pense par moi-même,
Je suis la même.
J'embellis ma foi,
Bien que je déprime parfois.
J'aime l'Humanité,
Et ma famille par dessus tout.
Je suis pour l'unité,
Je l'affirme partout.

Demain,
Si ma vie est à faire,
Et si je suis encore de ce Monde,
Je ne resisterai pas au Seigneur,
Je tiendrai sa main,
Car lui seul sait pour demain,
Il a tout un rôle pour moi,
Mon voeu :
Paix sur Terre.

Pour Toi

J'ai fermé les yeux sur l'amour,
J'ai fermé les yeux,
Mais est-ce pour toujours ?
J'ai reçu très peu,
Pourtant j'ai donné le maximum,
Aujourd'hui je voudrai,
La paix, la sincérité.

En peu de temps,
Mon Monde s'est écroulé,
Mon rêve envolé,
En si peu de temps.

Pour toi,
Je serai prête à recommencer,
À tout effacer,
Tu n'auras pas à me supplier,
J'oublierai tout,
Pour nous donner une seconde chance,
Pour te donner une seconde chance.

Écoute ...

Ainsi vont les choses, je suppose,
Je n'y peux rien, mais je m'oppose,
Trop de mal, trop de choses,
Mais au fond, qui dispose ?

La vie,
Rien ne vaut une vie pleine d'envies,
Des envies insensées,
Qui sont ou non pensées.
Aujourd'hui, tout est autrement,
On fait tout bizarrement,
Le bonheur avance doucement,
Mais sûrement.

Ce matin sur la route,
Mon coeur s'est revolté,
Ma tension est montée,
Oh, toi que j'aime, écoute ...
Le cri douloureux de mon coeur,
La violence cruelle de cette heure,
J'ai si mal,
Ça me fait tellement mal.

Droits

Faire ce qu'on veut,
Le faire si on peut,
Droit d'émettre un vœu,
Qui nous soulagera un peu.

Ils ont des yeux,
Pour regarder vers les cieux,
Ils se sentiront mieux,
S'ils perçoivent un signe de Dieu.
Qu'ils soient heureux,
Je me soucie pour eux,
Parce que dans leurs cœurs,
Je vois des creux.

Ils ont aussi des droits,
Entre autres,
Ne plus dormir dans le froid.
Ils sont des nôtres,
Il faut les aider,
On doit les aider.

Elle

Il n'existe pas plus grand crime,
Que de mentir à celle qu'on aime,
Rien ne vaut une prime,
Si ce n'est que chagrin qu'elle sème.
Il n'y a pas plus grande bévue,
Que de laisser sa dulcinée,
Sans pouvoir dire mot,
Et croire qu'on aura une magnifique vue,
De cerfs mornes,
Aux longues cornes.

Ce n'est pas tous les jours,
Que la chance sera des nôtres,
Pourquoi ne pas en profiter,
Si on l'a vraiment mérité ?
Rarement on verra du velour,
Paraître sur les autres.

Alors que,
Toujours elle,
Notre toute belle,
La Mère de la Nation,
Toujours pleine de passion,
Très amoureuse de toi,
Et sympathique avec Louis,
Sera notre consolation,

Un refuge où l'on ne craindra,
Ni peur, ni adieu,
Et d'où la paix viendra,
Tout droit des cieux.

Phénomène

Pour la seconde fois dans mon existence,
Mon cœur connaît le bonheur,
Mais pour la toute première fois,
Je ne manisfeste aucune résistance,
Cette âme n'a désormais plus peur.

Tout a commencé jadis par un sourire,
Mêlé à un fou rire,
Ensuite un regard,
Première des caresses,
Mélangé à une mystique tendresse.

Dans ce cas, doit-on parler de «Friend» ?
Du moment que cela n'a pas pu attendre,
Le temps d'un week-end,
[Bien sÛr, il ne s'agissait pas d'un coup de foudre],
Pour s'immortaliser sur un papier rose,
En connaissance de cause.

Aujourd'hui, ce passé est là,
Plus présent que partout ailleurs …

Je t'aime bien,
Si jamais tu as l'impression,
Que je t'aime mal,
C'est parce que je t'aime trop.

La Vie Vaut-elle La Peine ?

Est-ce vrai qu'un cœur qui soupire,
N'a pas ce qu'il désire ?
Comment ne pas soupirer,
Avec tant d'immoralités dans ce Monde ?
Comment vivre ce mensonge,
Comment même essayer ?

On dit que la vie est belle,
Pourtant tout autour de nous,
N'est que tristesse et dégoût,
Du sang, des larmes,
Et jamais des chants :
Et on dit que la vie est belle ?

Tout devient si compliqué,
L'école, l'amour,
Qui évoluent en sens unique,
Des promesses qui n'ont rien de romantiques,
Et des êtres antipathiques.

La vie vaut-elle vraiment la peine d'être vécue ?

Déprime

Au lever du jour,
Lourdement je m'assieds,
Regardant l'immense morosité,
Tout autour de moi,
Tout est sinistre …
J'aperçois des oiseaux voler,
Des enfants jouent,
Des cultivateurs travaillent,
Et toujours,
Mon âme si sensible,
N'éprouve devant eux,
Ni charme, ni attirance.

Fermant les yeux,
Cherchant refuge en moi,
Je ne trouve aucune consolation,
Et tristesse prend possession de moi.

Elle [2]

Face à son destin,
Elle voudrait prendre du recul.
Pour elle, jamais plus de festin,
C'en est trop avec les calculs.
Devant cette situation,
Elle perd ses raisons,
Trouvera-t-elle une solution ?

Elle s'ennuit seule dans cette maison,
Rêvant d'être à deux,
La peur la retient

Un Jour Viendra

Je voudrai si,
Ma vie est encore à faire,
M'éloigner de ce Monde,
Où tout me rend si triste,
De sortir de cet enfer,
Dans lequel mon âme se ressource,
D'oublier cet Univers,
Où tous les signes se repoussent

Mais comment être forte tous les jours,
Quand on a mal toutes les secondes ?

Études

Quelle est cette inquiétude,
Qui menace mes études ?
Quelle est cette folie,
Qui me rend lasse et jolie ?
Pourquoi ce manque d'attention,
Pourquoi ce peu de concentration ?

Pour qui mon avenir en dépend t-il ?
Quelle est la cause de ce jeu futile ?
Il faut que j'agisse,
Il faut que je me ressaisisse.

Partir Ou Se Repentir?

A-t-on le droit,
De pointer son doigt,
Au petit maladroit,
Qui nous doit ?
Au fond de moi je crois,
Que porter sa croix,
Est un acte de pénitence.
Mais a-t-on raison,
De vouloir quitter sa maison,
Lorsqu'on sent,
Ce que personne ne ressent ?

Et lorsqu'on voit,
Ce qui ne se dit pas par la voix,
Que faire ?
Ranger ses affaires et partir,
Ou serrer le coeur,
Et se repentir ?

Le Silence Est d'Or

Mon mal recommence,
Recommence après les vacances,
Je n'ai pas de chance,
Mais je connais la valeur du silence.
Je me donne encore une chance,
Après, je me balance.

J'ai tout perdu,
Ma Sœur, mes ami(e)s,
Non, je n'ai pas d'ami(e)s,
Je suis un nombre impair,
Je suis seule au Monde,
Seule avec mes ondes.
Ma Famille, je ne sais pas,
Vais-je continuer à suivre ses pas,
Vais-je me laisser traîner vers le bas ?

Pour Quelle Raison?

La Terre est devenue un enfer,
Où je n'ai plus qu'un goût amer,
J'aimerai soit lancer un S.O.S,
Ou me retourner vers l'Église,
Dans l'espoir d'apaiser mes peines,
Et mettre un terme à cette scène.

Autour de moi, trop de pressions,
Dans ma tête, beaucoup d'impressions,
De mon corps, une hausse de tension,
Mais pour quelle raison ?

J'assiste à un changement de saison,
Toujours dans la même maison,
Après maintes suppositions,
Grâce à mon intuition,
J'arrive à la même conclusion,
Mais pour quelle raison ?

Quand Tout Va De Travers

Toujours les mêmes peines,
Causées par des paroles vaines,
Perçues dans l'être,
De chaqu' être,
Quand tout va de travers,
Dans ce Monde de pervers.

Parfois ces peines sont nécessaires,
Pour aider à briser le silence,
Occasionné par un adversaire,
Nous poussant à perdre patience.

Ainsi l'Homme se retourne vers Dieu,
Le tout puissant miséricordieux,
Pour apaiser son cœur,
Avec une série de chœurs,
Quand tout va de travers,
Dans ce Monde de pervers.

Je M'enterre un Peu Plus

Je n'arrive plus à prier,
Je ne sais même plus prier,
Je suis devenue aussi amère,
Que le sel de la mer,
Et je sens mon cœur qui bat,
Là, dans ma poitrine au bas.
Bientôt, je vais devenir aveugle,
À force de pleurer.
Je ne vis plus,
Car tous les jours, je m'enterre un peu plus.

Je l'ai appelé, Bakary,
Que je confonds à Zachary,
L'être qui m'a aidé le plus,
Celui que je n'ai pas eu à aimer plus.
Mais si Bakary que je commence à apprécier me tourne le dos,
Dis lui, s'il te plait,
Que la conséquence est terrible chez une ado.

Solitude De Mon Coeur

Seule avec la solitude de mon cœur,
La peine due à la perte de ma sœur,
Je contemple la neutralité de la Terre,
Qui s'est donnée pour but les guerres.

Seule avec la solitude de mon cœur,
Je m'affirme sans peur,
Devant mes confrères,
Qui se mêlent de mes affaires.

Hier encore je pensais,
Mais aujourd'hui, je sais,
Que la vie Terrestre n'offre rien,
Aux Hommes qui luttent pour le bien.

Paix De Mon Coeur

C'est léger dans mon cœur,
Le fardeau a disparu,
La douleur s'est apaisée,
Je suis revenue à moi.

Combien je voudrai être dans cet état,
Je ne l'expliquerai jamais,
Pourtant je ressens les plaintes de mon cœur,
L'envie pressante de te prendre dans mes bras,
De te serrer contre moi,
Et de m'immortaliser dans ton cœur,
À tout jamais.

Chercher

Ma vie en si peu de temps a changé,
Mes rêves, je les ai rangés,
Dire que je suis si différente,
Négative et très impatiente.

Je cherche le visage,
Juste une autre image,
D'un lointain ailleurs,
D'un Monde meilleur.

Je cherche une paisible main,
Pour mieux me conduire vers demain,
Un signe quelconque d'espoir,
Pour apaiser mon desespoir.

Lorsque le soleil se lève,
De même mon âme s'élève,
Regarde vers les cieux,
Et parle à son Dieu.

Oh ! Calme De La Nuit

Oh ! Calme de la nuit,
Vois comme mon cœur s'ennuie
Dans cet univers mystique,
Sans âmes sympatiques.

Oh ! Calme de la nuit,
Viens avec ton reconfort de minuit,
Apaiser mon cœur de ses querelles,
Et emporter au loin mes sequelles.

Oh ! Calme de la nuit,
Mon être entier s'évanouie,
Par manque d'air,
En cette nouvelle ère,
Propice à l'amour,
À ceux qui aiment d'amour.
Pas d'amour d'un jour,
Mais l'amour de toujours.

La Fatigue

La vie,
Je l'avais sous la peau.
Mes envies,
Ne trouveront plus le repos,
Sans toi à mes côtés,
Sans toi sublime beauté.

Je ne veux rien regretter,
Autant tout arrêter.
Mais toi ...
Toi mon amoureux connu,
J'attends ta prochaine venue.

Je Me Rappelle

Je suis en classe, il fait froid,
M'évader ai-je le droit ?
C'est la première fois après des mois,
Que je m'évade avec émoi.
Je voudrai me retrouver,
Pouvoir être inspiré,
Écrire comme jadis,
Ces histoires du paradis.

Les autres discutent et s'interpellent,
Je m'évade et je me rappelle,
De ce jour froid d'automne,
Quand ma vie était si monotone,
Je revois ces nuits amères,
Et mes prières silencieuses pour ma mère.

Appréciation De La Vie

Je n'ai jamais apprecié la vie,
Comme je l'apprecie en ce jour,
Je n'ai jamais cherché cette envie,
Que je cherche en ce jour.

Cette vie qui est mienne,
Et qui m'échappe en même temps,
Cette vie désirée longtemps.

Être Libre [2]

… D'une part,
Mon départ,
Fût bien géré,
Et ma vie fût un peu aérée …

J'écris de moins en moins,
C'est vrai, j'en suis témoin,
C'est fou peut-être,
Mais je plonge mon être,
Dans une impasse,
Et mes rêves s'entassent.

Finie La Guerre

Je n'ai jamais eu horreur de ce mot jusqu'à cette heure,
Je n'ai jamais connu de bonheur jusque dans mon cœur,
Je n'ai jamais eu peur,
Mais vécu en pleurs.

Je n'ai jamais dit « meurt »,
Mais j'ai perdu ma sœur.
J'ai souffert naguère,
Aujourd'hui c'est fini la guerre.
J'ai encore ma Mère,
Et j'espère à mon tour, être Mère.

Peut être par moi, ou par d'autres,
Ce virus pourra atteindre plusieurs personnes,
Et apporter un changement,
Peut-être un arrangement !

Patience et persévérance,
M'ont redonné confiance :
C'est fini la guerre.

Remerciements!

À ma Famille, pour leur amour sans faille.

À Francis Kalla et Christian Mouchangou, mes frères de coeur,
pour le soutien moral et spirituel, durant ces moments difficiles.

À Lionel Nkadji Njeukam, qui m'a fait l'amitié de corriger ce travail.

À Vincent-Sosthène Fouda-Essomba, pour ses encouragements et
sans qui, je n'aurais certainement pas publié ce Recueil.

Vous êtes nombreux à qui je dois ma gratitude.
Merci à tous de m'avoir suivie, lue, encouragée et supportée !

À Propos De L'Auteur

Née au Cameroun le 9 septembre 1980, Joan Ambu fait ses études au Collège Mgr François-Xavier Vogt et au Collège de la Retraite à Yaoundé, Cameroun. Elle s'inscrit à l'Université de Yaoundé en 1999, mais n'y termine pas l'année académique.

Elle s'envole aux États-Unis la même année 1999 où elle poursuit ses études d'abord en Arkansas à Henderson State University, puis en Californie à DeVry University et à Keller Graduate School of Management.

Joan Ambu fait partie d'une famille de cinq enfants dont l'aînée, décédée en 1998. Son père, William Ambu, est un Colonel retraité de la Gendarmerie Nationale Camerounaise. Sa mère, Alice Ambu, a étudié aux USA et a servi dans plusieurs Tribunaux au Cameroun.

Joan découvre l'écriture à un très jeune âge. Ses œuvres s'inspirent de ses sentiments, des rapports humains et surtout par la perte de sa sœur aînée en 1998.

Mariée et mère de deux enfants, elle vit aujourd'hui en Californie (États-Unis), où elle exerce le métier d'écrivain.